Impressum
Verlag: BABADADA GmbH, Nedderfeld 112 , 22529 Hamburg
Geschäftsführer / Verlagsleitung: Harald Hof
Druck: Books on Demand GmbH, In de Tarpen 42, 22848 Norderstedt

Imprint
Publisher: BABADADA GmbH, Nedderfeld 112 , 22529 Hamburg, Germany
Managing Director / Publishing direction: Harald Hof
Print: Books on Demand GmbH, In de Tarpen 42, 22848 Norderstedt, Germany

学校
Šola

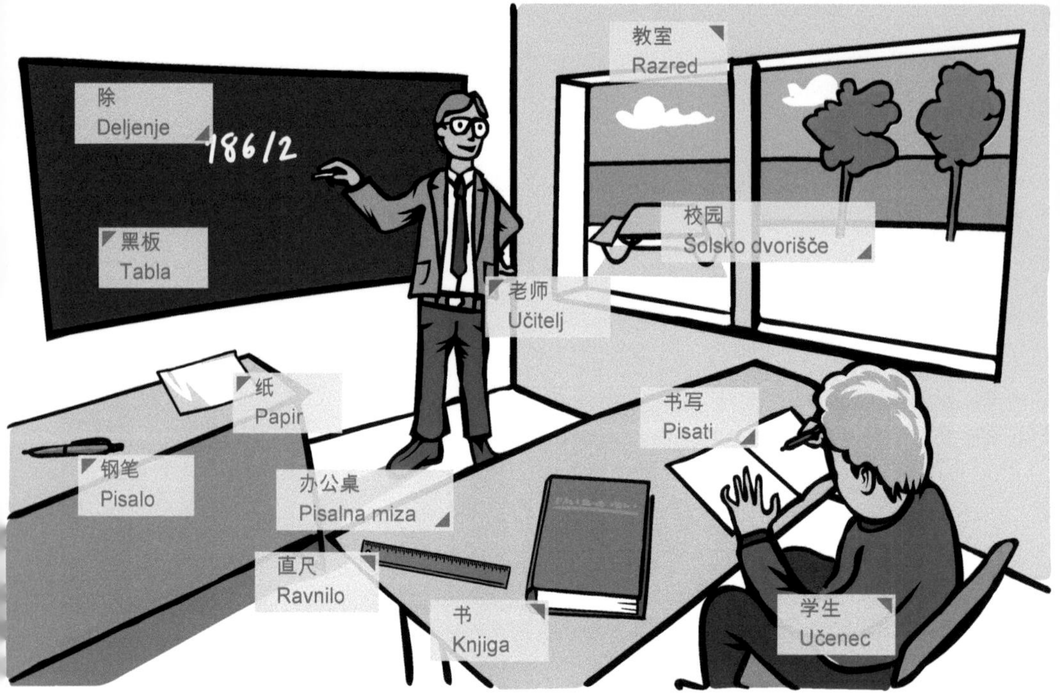

教室
Razred
除
Deljenje
186/2
黑板
Tabla
校园
Šolsko dvorišče
老师
Učitelj
纸
Papir
书写
Pisati
钢笔
Pisalo
办公桌
Pisalna miza
直尺
Ravnilo
书
Knjiga
学生
Učenec

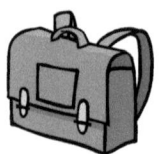

书包
Šolska torba

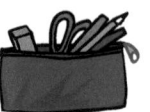

铅笔盒
Peresnica

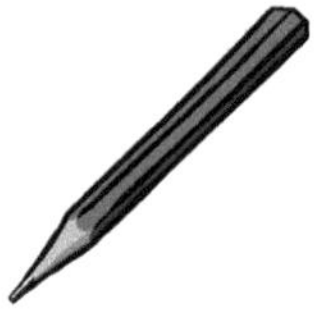

铅笔
Svinčnik

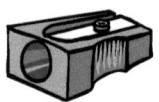

卷笔刀
Šilček

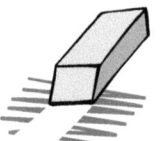

橡皮擦
Radirka

画板
Risalni blok

图画

Risba

画笔

Čopič

颜料盒

Vodene barvice

剪刀

Škarje

胶水

Lepilo

练习册

Zvezek

家庭作业

Domača naloga

12

数字

Število

2+2

加

Seštevanje

5-2

减

Odštevanje

2⊗2

乘

Množenje

计算

Računanje

A

字母

Črka

**ABCDEFG
HIJKLMN
OPQRSTU
VWXYZ**

字母表

Abeceda

字

Beseda

学校 - Šola

课文

Besedilo

读

Brati

粉笔

Kreda

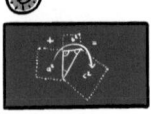

上课

Učna ura

登记

Redovalnica

考试

Preizkus znanja

证书

Spričevalo

校服

Šolska uniforma

教育

Izobrazba

百科全书

Enciklopedija

大学

Univerza

显微镜

Mikroskop

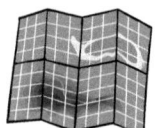

地图

Zemljevid

废纸筐

Koš za smeti

x

酒店
Hotel

Grand

青年旅社
Hostel

ROOMS

外币兑换处
Menjalnica

EXCHANGE

手提箱
Kovček

汽车
Avtomobil

语言

Jezik

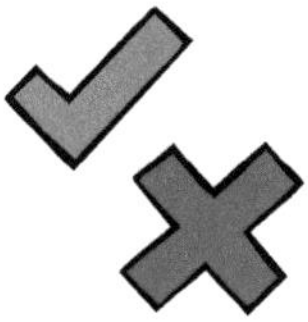

是/否

da / ne

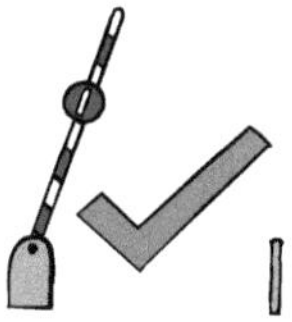

好的

Prav

您好

Pozdravljeni

翻译员

Prevajalec

谢谢

Hvala

……多少钱？

Koliko stane…?

我不明白

Ne razumem

问题

Težava

晚上好！

Dober večer!

早上好！

Dobro jutro!

晚安！

Lahko noč!

再见

Nasvidenje

方向

Smer

行李

Prtljaga

包

Torba

双肩包

Nahrbtnik

客人

Gost

房间

Soba

睡袋

Spalna vreča

帐篷

Šotor

旅游信息

Turistične informacije

海滩

Plaža

信用卡

Kreditna kartica

早餐

Zajtrk

午餐

Kosilo

晚餐

Večerja

票

Vozovnica

电梯

Dvigalo

邮票

Znamka

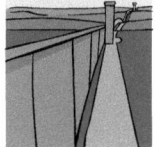

边界

Meja

海关

Carina

大使馆

Veleposlaništvo

签证

Vizum

护照

Potni list

交通运输

Prevoz

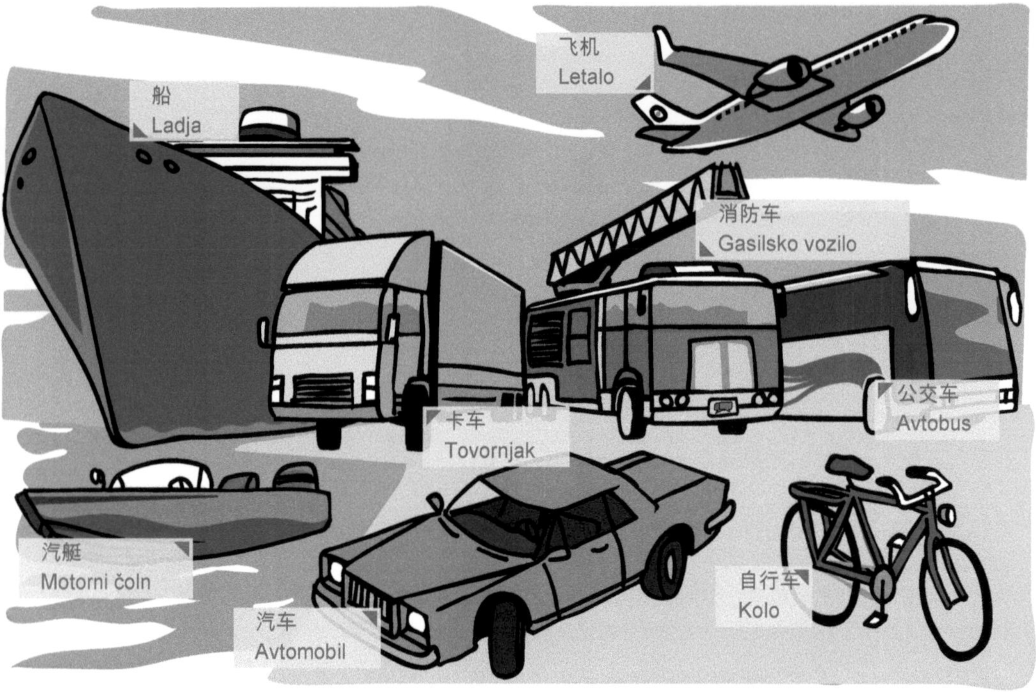
飞机
Letalo
船
Ladja
消防车
Gasilsko vozilo
公交车
Avtobus
卡车
Tovornjak
汽艇
Motorni čoln
自行车
Kolo
汽车
Avtomobil

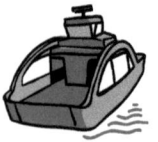

摆渡船

Trajekt

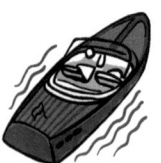

小船

Čoln

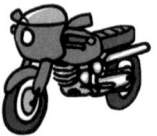

摩托车

Motorno kolo

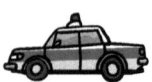

警车

Policijski avto

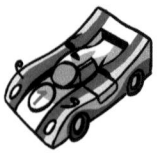

赛车

Dirkalni avto

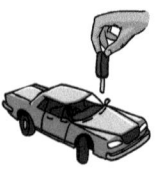

租车

Najeto vozilo

拼车

Souporaba avtomobila

拖车

Avtovleka

垃圾车

Smetarsko vozilo

发动机

Motor

汽油

Gorivo

加油站

Bencinska postaja

交通标志

Prometni znak

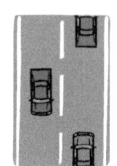

交通

Promet

交通堵塞

Zastoj

停车场

Parkirišče

火车站

Železniška postaja

轨道

Tirnice

火车

Vlak

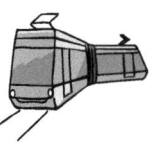

电车

Tramvaj

货车

Vagon

直升机

Helikopter

机场

Letališče

塔

Stolp

乘客

Potnik

集装箱

Kontejner

纸板箱

Karton

手推车

Voziček

篮子

Košara

起飞/降落

vzleteti / pristati

城市

Mesto

村庄

Vas

市中心

Mestno jedro

房子

Hiša

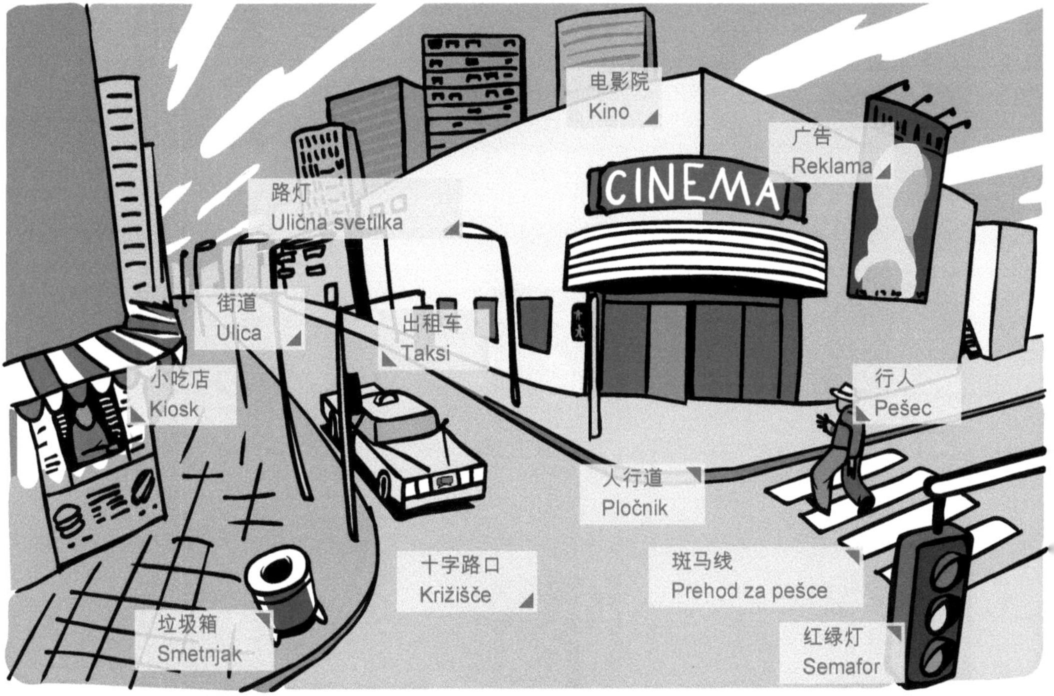
电影院
Kino
广告
Reklama
CINEMA
路灯
Ulična svetilka
街道
Ulica
出租车
Taksi
小吃店
Kiosk
行人
Pešec
人行道
Pločnik
十字路口
Križišče
斑马线
Prehod za pešce
垃圾箱
Smetnjak
红绿灯
Semafor

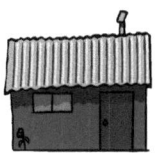

小屋

Koča

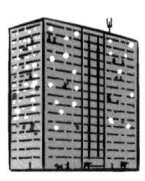

公寓

Stanovanje

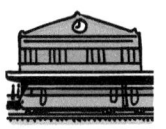

火车站

Železniška postaja

市政厅

Mestna hiša

MUSEUM

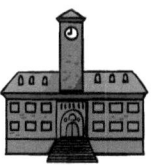

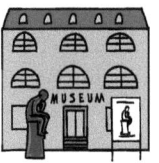

博物馆

Muzej

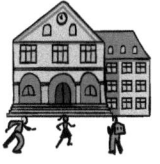

学校

Šola

大学

Univerza

银行

Banka

医院

Bolnišnica

酒店

Hotel

药房

Lekarna

办公室

Pisarna

书店

Knjigarna

商店

Trgovina

花店

Cvetličarna

超市

Supermarket

市场

Tržnica

百货商店

Veleblagovnica

鱼店

Ribarnica

购物中心

Nakupovalno središče

海港

Pristanišče

公园

Park

长凳

Klop

桥

Most

楼梯

Stopnice

地铁

Podzemna železnica

隧道

Predor

公交车站

Avtobusno postajališče

酒吧

Bar

餐馆

Restavracija

邮筒

Poštni nabiralnik

路标

Ulična tabla

停车计时器

Parkirna ura

动物园

Živalski vrt

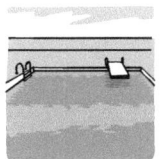

游泳馆

Kopališče

清真寺

Mošeja

农场
Kmetija

污染
Onesnaževanje

墓地
Pokopališče

教堂
Cerkev

操场
Otroško igrišče

寺庙
Tempelj

地形
Pokrajina

树叶
List

指示牌
Kažipot

路
Pot

草地
Travnik

石头
Kamen

树
Drevo

徒步旅行者
Pohodnik

河
Reka

草
Trava

花
Cvetlica

峡谷

Dolina

山

Hrib

湖

Jezero

森林

Gozd

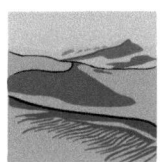

沙漠

Puščava

火山

Vulkan

城堡

Grad

彩虹

Mavrica

蘑菇

Goba

棕榈树

Palma

蚊子

Komar

苍蝇

Muha

蚂蚁

Mravlja

蜜蜂

Čebela

蜘蛛

Pajek

甲虫

Hrošč

青蛙

Žaba

松鼠

Veverica

刺猬

Jež

野兔

Zajec

猫头鹰

Sova

鸟

Ptič

天鹅

Labod

野猪

Divji prašič

鹿

Jelen

麋鹿

Los

水坝

Jez

风力发电机

Vetrnica

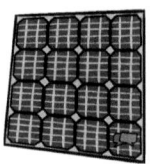

太阳能电池板

Solarna plošča

气候

Podnebje

地形 - Pokrajina

餐馆

Restavracija

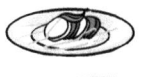

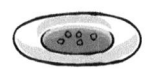

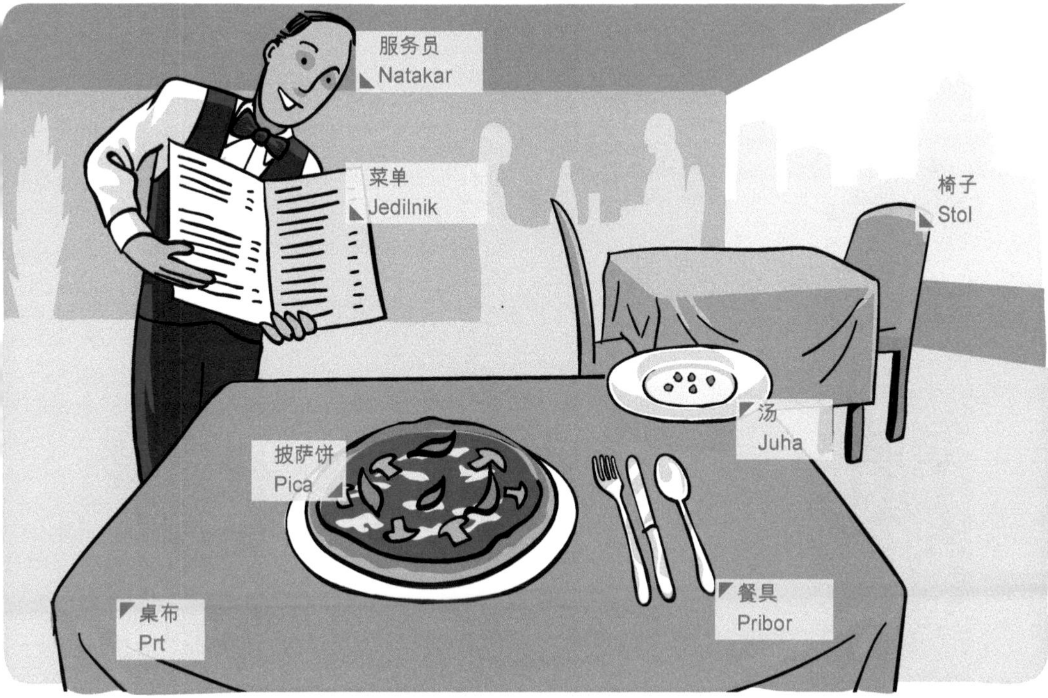

服务员
Natakar
菜单
Jedilnik
椅子
Stol
汤
Juha
披萨饼
Pica
餐具
Pribor
桌布
Prt

前菜

Predjed

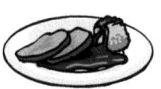

主菜

Glavna jed

甜点

Sladica

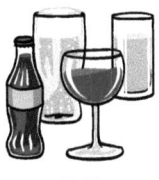

饮料

Pijače

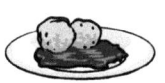

食物

Hrana

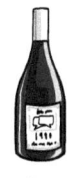

瓶子

Steklenica

快餐

Hitra hrana

街边小吃

Ulična hrana

茶壶

Čajnik

糖盒

Sladkornica

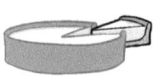

一份饭菜

Porcija

意式咖啡机

Aparat za espresso

高脚椅

Stolček za hranjenje

账单

Račun

托盘

Pladenj

刀

Nož

餐叉

Vilica

勺子

Žlica

茶匙

Čajna žlička

餐巾

Servieta

玻璃杯

Kozarec

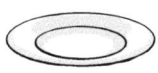

碟子
Krožnik

汤盘
Globoki krožnik

碟子
Krožniček

酱
Omaka

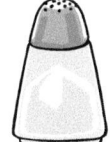

盐瓶
Solnica

胡椒磨
Mlinček za poper

醋
Kis

食用油
Olje

调味料
Začimbe

番茄酱
Kečap

芥末
Gorčica

蛋黄酱
Majoneza

超市
Supermarket

特价
Posebna ponudba
FOR
顾客
Stranka
乳制品
Mlečni izdelki
水果
Sadje
购物车
Nakupovalni voziček

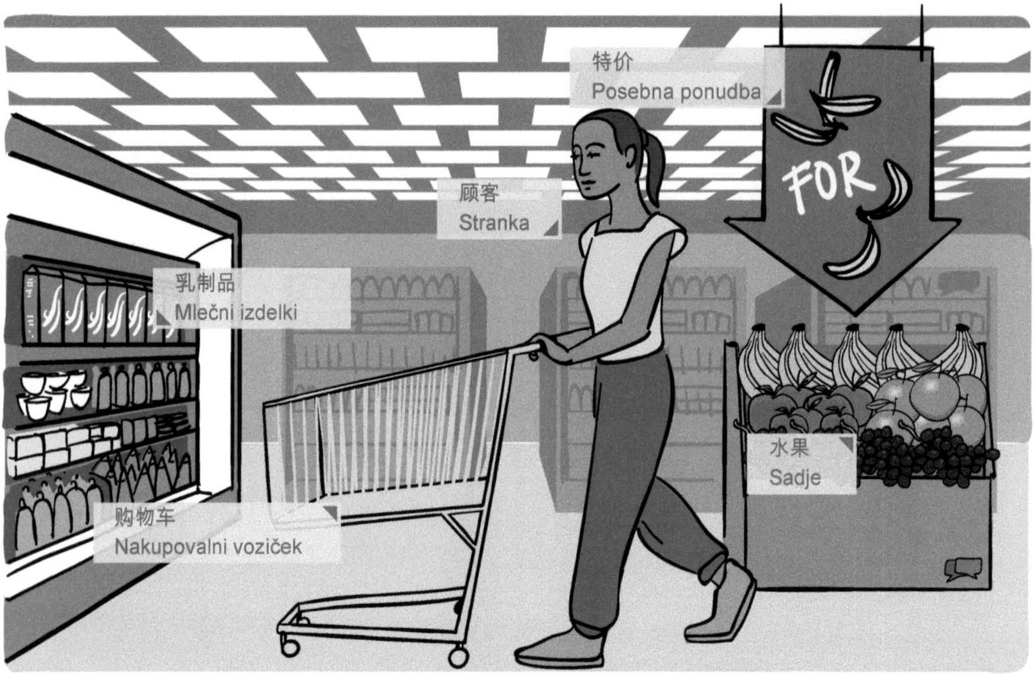

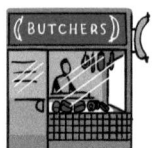

BUTCHERS

肉铺

Mesnica

BAKERY

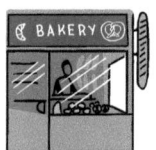

面包房

Pekarna

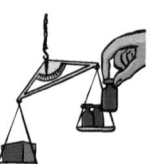

称重

Tehtati

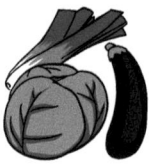

蔬菜

Zelenjava

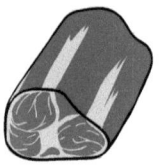

肉

Meso

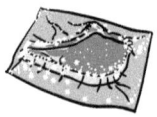

冷冻食品

Zamrznjena hrana

冷盘

Hladne mesnine

罐头食品

Konzerve

洗衣粉

Pralni prašek

甜食

Sladkarije

日用品

Gospodinjski izdelki

清洁用品

Čistilno sredstvo

销售员

Prodajalka

收银机

Blagajna

收银员

Blagajnik

购物清单

Nakupovalni seznam

开放时间

Delovni čas

钱包

Denarnica

信用卡

Kreditna kartica

袋子

Torba

塑料袋

Plastična vrečka

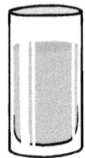

水

Voda

果汁

Sok

牛奶

Mleko

可乐

Kola

红酒

Vino

啤酒

Pivo

酒

Alkohol

可可

Kakav

茶

Čaj

咖啡

Kava

意式浓缩咖啡

Espresso

卡布奇诺

Kapučino

香蕉

Banana

苹果

Jabolko

橙子

Pomaranča

西瓜

Lubenica

柠檬

Limona

胡萝卜

Korenje

大蒜

Česen

竹子

Bambus

洋葱

Čebula

蘑菇

Goba

坚果

Oreščki

面条

Rezanci

意大利面条

Špageti

米饭

Riž

沙拉

Solata

薯条

Ocvrt krompirček

炸土豆

Pečen krompir

披萨饼

Pica

汉堡包

Hamburger

三明治

Sendvič

炸猪排

Zrezek

火腿

Šunka

萨拉米

Salama

香肠

Klobasa

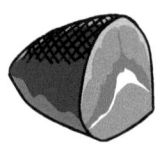

鸡肉

Piščanec

烤肉

Pečenka

鱼

Riba

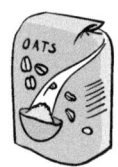

燕麦片

Ovseni kosmiči

穆兹利

Musli

玉米片

Koruzni kosmiči

面粉

Moka

羊角面包

Rogljiček

面包卷

Žemlja

面包

Kruh

烤面包

Prepečenec

饼干

Piškoti

黄油

Maslo

凝乳

Skuta

蛋糕

Torta

蛋

Jajce

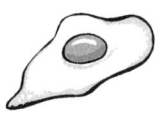

煎蛋

Pečeno jajce na oko

奶酪

Sir

冰激凌

Sladoled

糖

Sladkor

蜂蜜

Med

果酱

Marmelada

巧克力酱

Čokoladni namaz

咖喱饭

Kari

农场

Kmetija

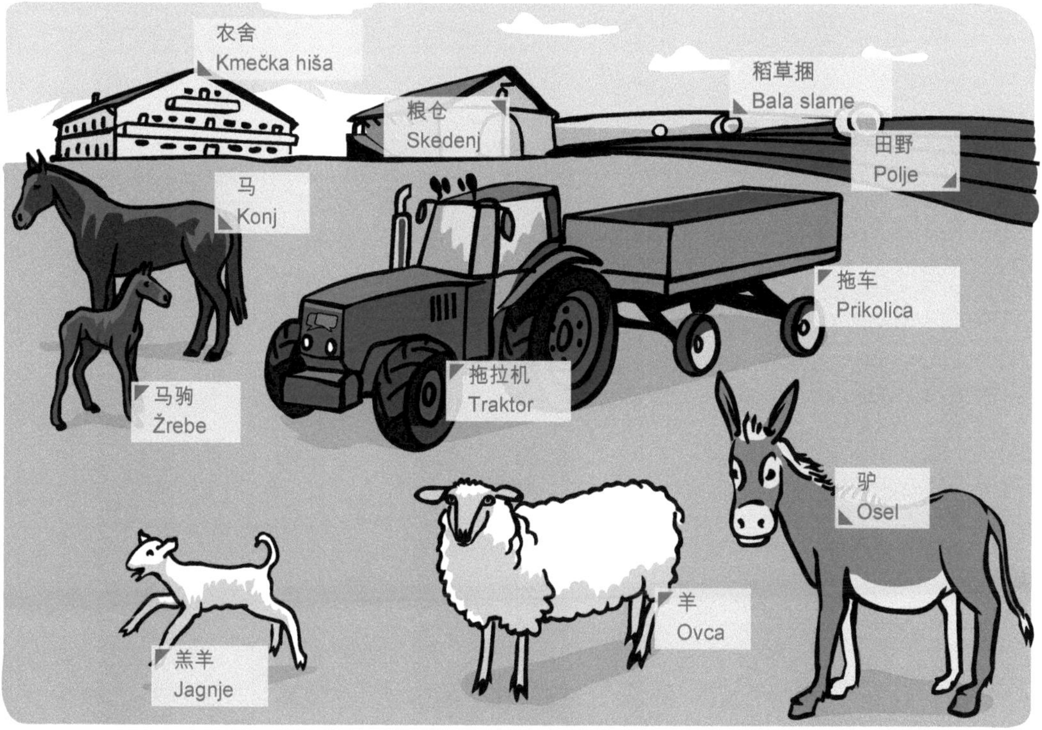
农舍
Kmečka hiša
稻草捆
Bala slame
粮仓
Skedenj
田野
Polje
马
Konj
拖车
Prikolica
马驹
Žrebe
拖拉机
Traktor
驴
Osel
羊
Ovca
羔羊
Jagnje

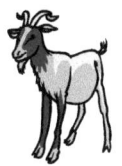

山羊

Koza

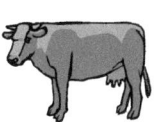

奶牛

Krava

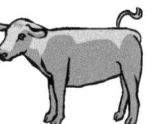

牛犊

Tele

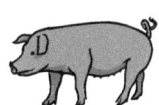

猪

Prašič

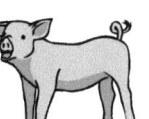

小猪

Pujsek

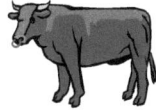

公牛

Bik

鹅

Gos

鸭

Raca

小鸡

Piščanec

母鸡

Kokoš

公鸡

Petelin

鼠

Podgana

猫

Mačka

老鼠

Miš

牛

Vol

狗

Pes

狗屋

Pasja uta

花园浇水软管

Cev za zalivanje

洒水壶

Kangla za zalivanje

长柄大镰刀

Kosa

犁

Plug

镰刀

Srp

锄头

Motika

长柄草耙

Vile

斧头

Sekira

独轮手推车

Samokolnica

饲料槽

Korito

牛奶罐

Kangla za mleko

麻布袋

Vreča

栅栏

Ograja

马厩

Hlev

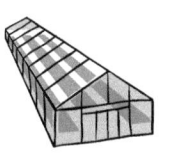

温室

Rastlinjak

土壤

Prst

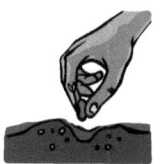

种子

Seme

肥料

Gnojilo

联合收割机

Kombajn

收割

Žeti

收割

Žetev

山药

Jam

小麦

Pšenica

大豆

Soja

土豆

Krompir

玉米

Koruza

油菜籽

Oljna ogrščica

果树

Sadno drevo

树薯

Maniok

谷物

Žito

房子
Hiša

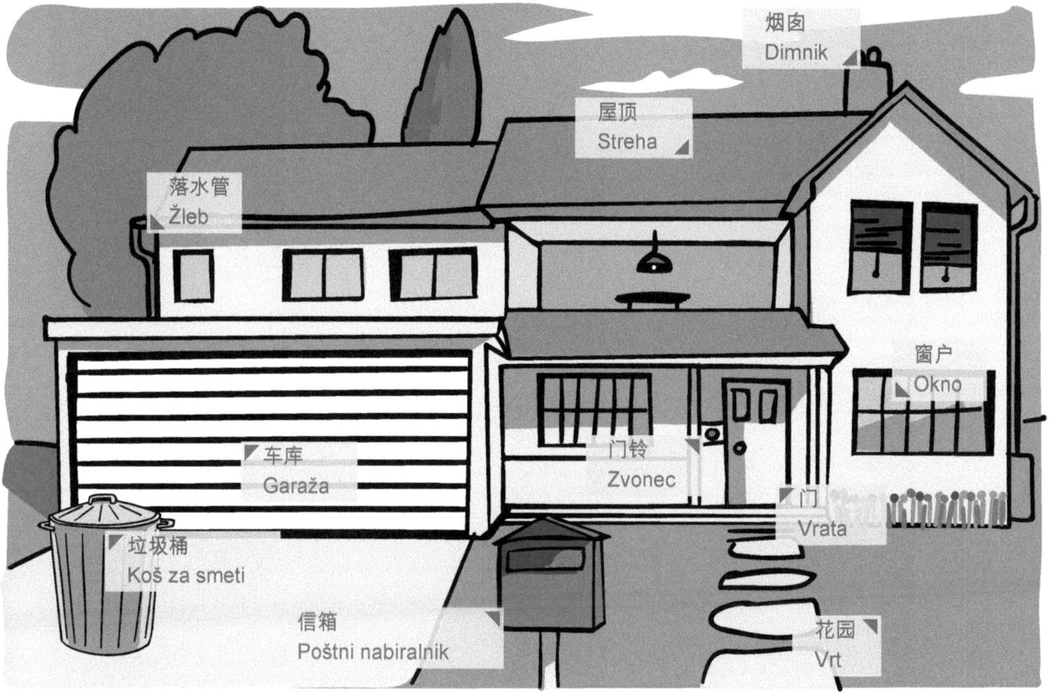
烟囱
Dimnik
屋顶
Streha
落水管
Žleb
窗户
Okno
车库
Garaža
门铃
Zvonec
门
Vrata
垃圾桶
Koš za smeti
信箱
Poštni nabiralnik
花园
Vrt

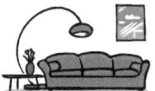

客厅

Dnevna soba

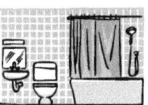

浴室

Kopalnica

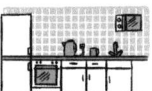

厨房

Kuhinja

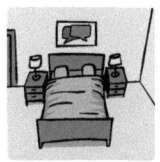

卧室

Spalnica

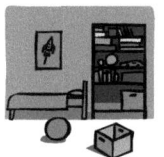

儿童房

Otroška soba

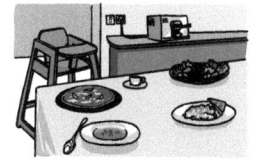

餐厅

Jedilnica

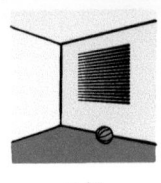

地板

Tla

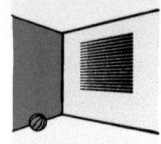

墙壁

Stena

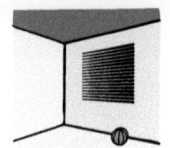

吊顶

Strop

地窖

Klet

桑拿

Savna

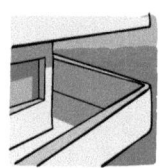

阳台

Balkon

露台

Terasa

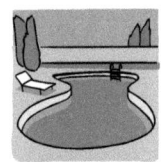

游泳池

Bazen

割草机

Kosilnica

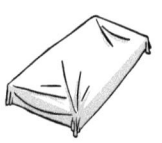

被单

Rjuha

床罩

Posteljno pregrinjalo

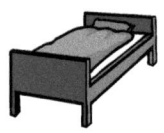

床

Postelja

扫帚

Metla

水桶

Vedro

开关

Stikalo

Dnevna soba

壁纸
Tapeta
照片
Slika
台灯
Svetilka
搁架
Polica
橱柜
Omara
电视机
Televizor
壁炉
Kamin
花
Cvetlica
垫子
Blazina
沙发
Zofa
花瓶
Vaza
遥控器
Daljinski upravljalnik

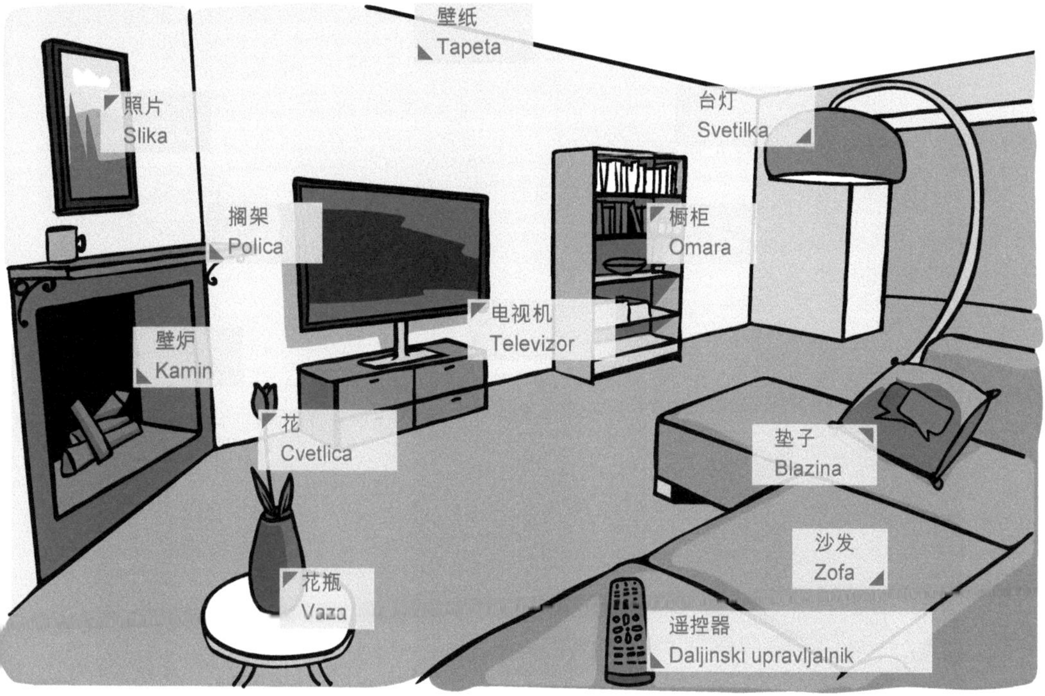

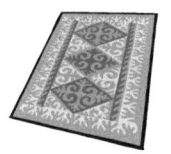

地毯

Preproga

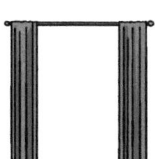

窗帘

Zavesa

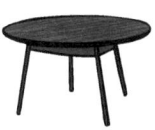

餐桌

Miza

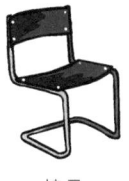

椅子

Stol

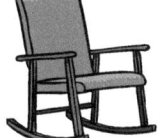

摇椅

Gugalnik

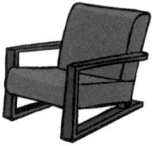

扶手椅

Naslanjač

书

Knjiga

毯子

Odeja

装饰品

Dekoracija

木柴

Drva

电影

Film

高保真音响

Glasbeni stolp

钥匙

Ključ

报纸

Časopis

油画

Slika

海报

Plakat

收音机

Radio

笔记本

Beležka

吸尘器

Sesalnik

仙人掌

Kaktus

蜡烛

Sveča

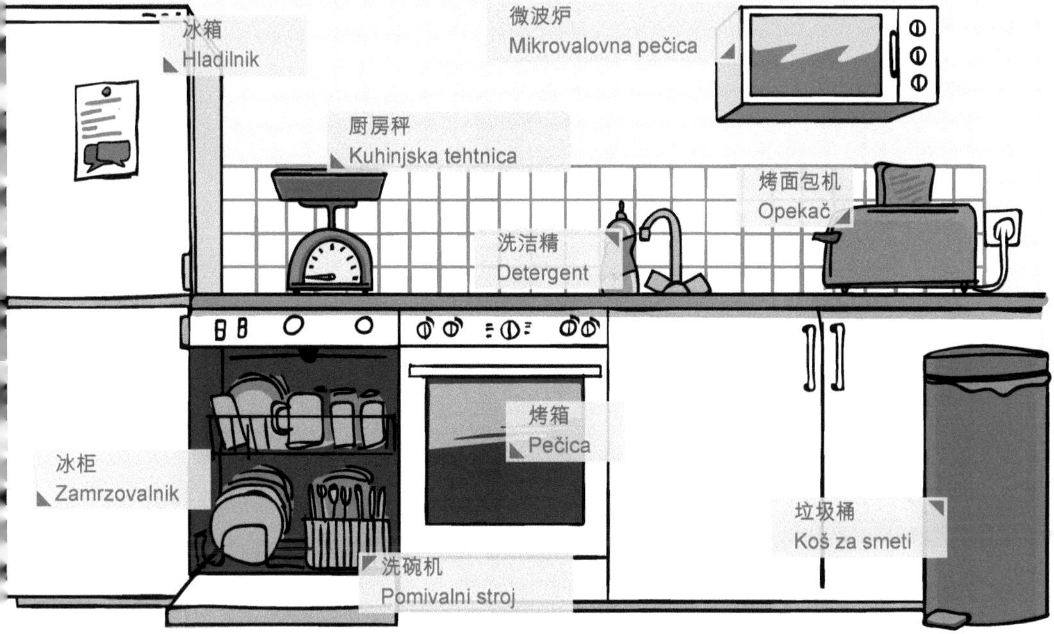

冰箱
Hladilnik

微波炉
Mikrovalovna pečica

厨房秤
Kuhinjska tehtnica

洗洁精
Detergent

烤面包机
Opekač

冰柜
Zamrzovalnik

烤箱
Pečica

垃圾桶
Koš za smeti

洗碗机
Pomivalni stroj

炊具

Kozica

锅

Lonec

铸铁锅

Litoželezni lonec

炒锅

Vok / kadai

平底锅

Ponev

水壶

Kotliček

蒸锅

Parni kuhalnik

烤盘

Pekač

陶瓷锅

Posoda

马克杯

Skodelica

碗

Skleda

筷子

Jedilne paličice

长柄勺

Zajemalka

铲子

Lopatica

搅拌器

Metlica

滤网

Cedilnik

筛子

Cedilo

磨碎机

Strgalo

研钵

Možnar

烧烤

Žar

明火

Ognjišče

菜板

Deska za rezanje

擀面杖

Valjar

开瓶器

Odpirač za steklenice

罐子

Pločevinka

开罐器

Odpirač za konzerve

隔热手套

Prijemalka za posodo

水槽

Korito

刷子

Ščetka

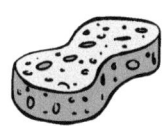

海绵

Goba

搅拌机

Mešalnik

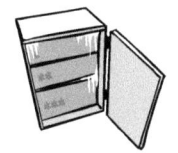

冷藏箱

Zamrzovalna skrinja

奶瓶

Steklenička

水龙头

Pipa

浴室

Kopalnica

供暖设备
Ogrevanje
淋浴
Prha
毛巾
Brisača
浴帘
Zavesa za prho
泡沫浴
Peneča kopel
浴缸
Kopalna kad
玻璃杯
Kozarec
洗衣机
Pralni stroj
水龙头
Pipa
瓷砖
Ploščice
便壶
Kahlica
水槽
Korito

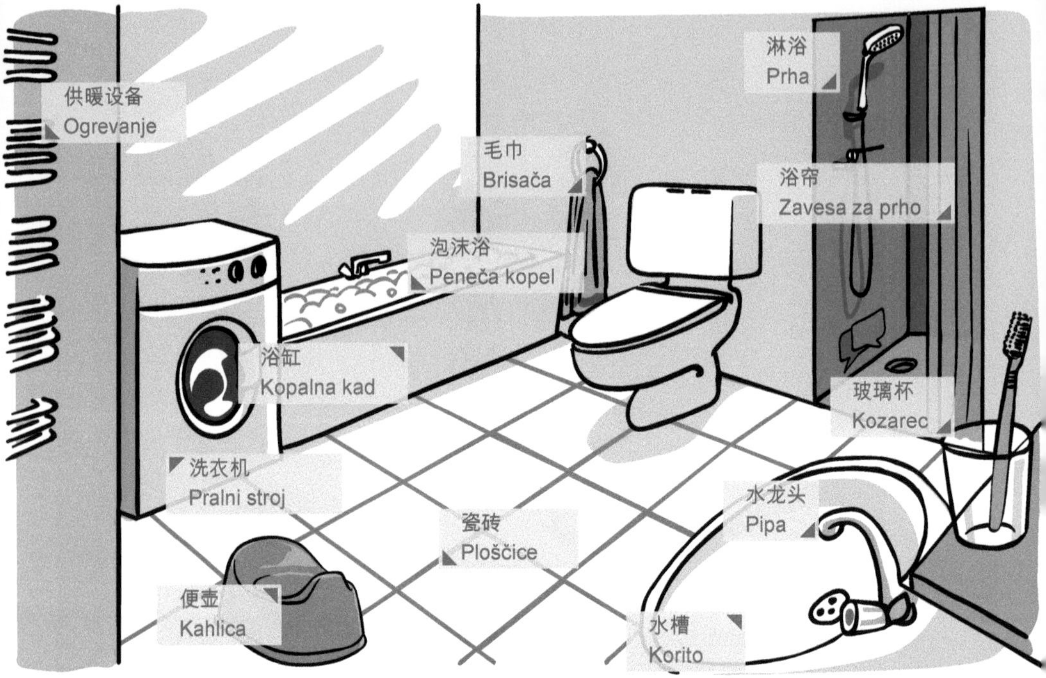

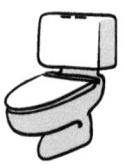

厕所
Stranišče

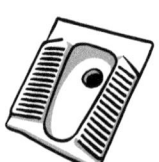

蹲便器
Stranišče na počep

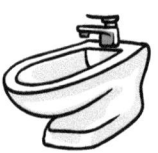

坐浴器
Bide

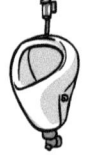

小便池
Pisoar

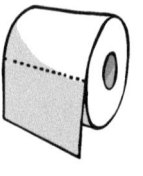

厕纸
Toaletni papir

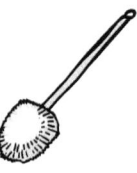

马桶刷
Ščetka za straniščno školjko

牙刷

Zobna ščetka

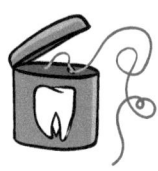

牙膏

Zobna pasta

牙线

Zobna nitka

洗

Umiti se

手持式喷淋头

Ročna prha

冲洗器

Prha za intimne dele

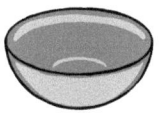

洗脸盆

Umivalnik

擦背刷

Krtača za hrbet

肥皂

Milo

沐浴露

Gel za prhanje

洗发水

Šampon

法兰绒

Krpica za miljenje

排水

Odtok

乳霜

Krema

除臭剂

Deodorant

镜子

Ogledalo

手镜

Ročno ogledalo

剃须刀

Britvica

剃须泡沫

Pena za britje

须后水

Vodica po britju

梳子

Glavnik

刷子

Ščetka

吹风机

Sušilnik za lase

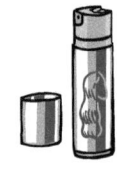

喷发定型剂

Lak za lase

化妆品

Ličila

唇膏

Šminka

指甲油

Lak za nohte

化妆棉

Vatirane blazinice

指甲剪

Škarjice za nohte

香水

Parfum

浴室 - Kopalnica

洗漱包

Toaletna torbica

凳子

Stol brez naslonjala

计重秤

Osebna tehtnica

浴袍

Kopalni plašč

橡胶手套

Gumijaste rokavice

卫生棉条

Tampon

卫生巾

Damski vložki

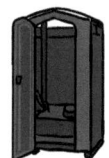

化学厕所

Kemično stranišče

儿童房

Otroška soba

闹钟
Budilka
毛绒玩具
Plišasta igrača
玩具车
Avtomobilček
拨浪鼓
Ropotuljica
玩具屋
Hiška za punčke
礼物
Darilo

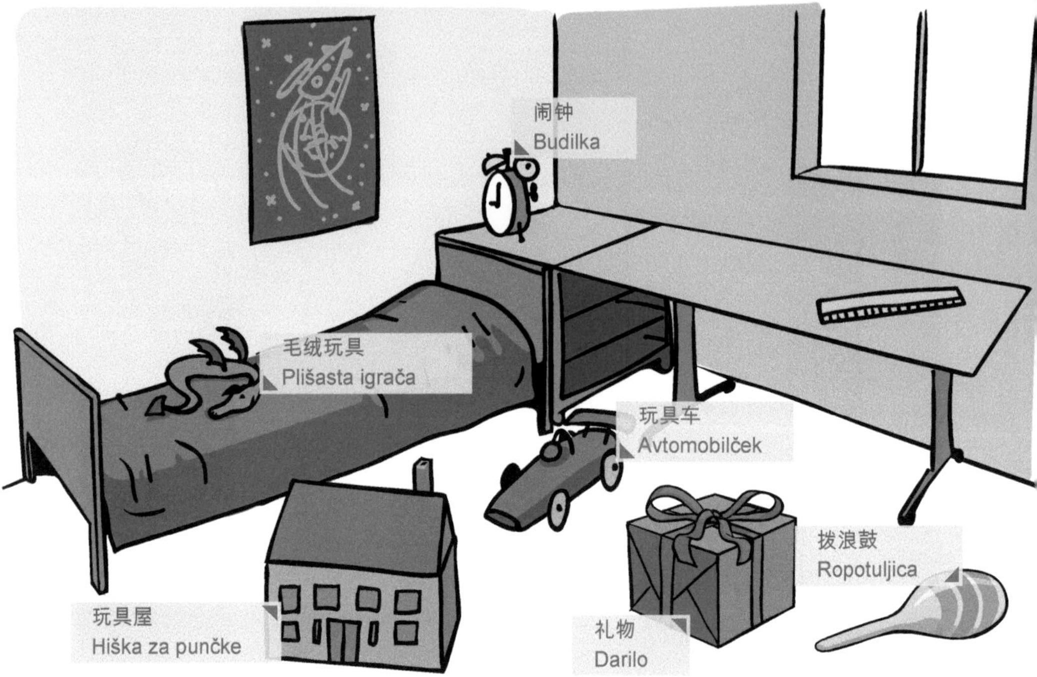

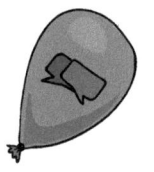

气球

Balon

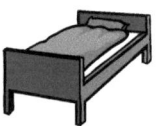

床

Postelja

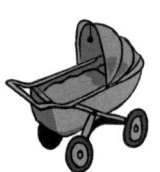

（洋娃娃用）婴儿车

Otroški voziček

扑克牌

Igralne karte

拼图

Sestavljanka

SUPER
MEGA

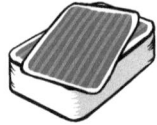

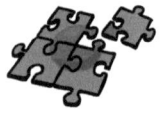

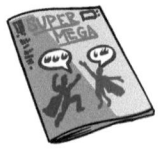

漫画

Strip

乐高积木

Lego kocke

积木玩具

Igralne kocke

玩具人

Akcijska figura

婴儿服

Bodi

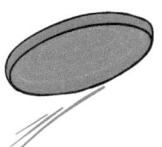

飞盘

Frizbi

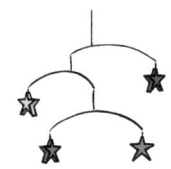

床铃玩具

Vrtiljak za posteljico

棋盘游戏

Namizna igra

骰子

Kocka

火车模型

Komplet modelov vlakov

安抚奶嘴

Duda

聚会

Zabava

绘本

Slikanica

球

Žoga

洋娃娃

Lutka

玩

Igrati se

沙坑

Peskovnik

秋千

Gugalnica

玩具

Igrače

游戏机

Igralna konzola

三轮车

Tricikel

泰迪熊

Plišasti medvedek

衣柜

Garderoba

衣服

Oblačilo

袜子

Nogavice

长袜

Samostoječe nogavice

紧身裤

Hlačne nogavice

围巾
Šal

雨伞
Dežnik

T恤
Majica s kratkimi rokavi

皮带
Pas

靴子
Škornji

拖鞋
Copati

运动鞋
Športni copati

凉鞋
Sandali

鞋
Čevlji

雨靴
Gumijasti škornji

内裤
Spodnje hlače

胸罩
Modrček

背心
Telovnik

衣服 - Oblačilo

45

身体

Bodi

裤子

Hlače

牛仔裤

Kavbojke

短裙

Krilo

女式衬衫

Bluza

衬衫

Srajca

套头衫

Pulover

卫衣

Pletena jopica

西装夹克

Jopa

夹克

Jakna

外套

Plašč

雨衣

Dežni plašč

套装

Kostim

连衣裙

Obleka

婚纱

Poročna obleka

西装
Obleka

睡袍
Spalna srajca

睡衣
Pižama

莎丽
Sari

头巾
Naglavna ruta

包头巾
Turban

波卡
Burka

卡夫坦
Kaftan

(阿拉伯式)长袍
Abaja

泳衣
Kopalke

男式泳裤
Kopalne hlače

短裤
Kratke hlače

运动服
Trenirka

围裙
Predpasnik

手套
Rokavice

纽扣

Gumb

眼镜

Očala

手链

Zapestnica

项链

Verižica

戒指

Prstan

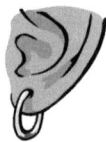

耳环

Uhan

便帽

Kapa

衣架

Obešalnik

帽子

Klobuk

领带

Kravata

拉链

Zadrga

头盔

Čelada

背带

Naramnice

校服

Šolska uniforma

制服

Uniforma

48
衣服 - Oblačilo

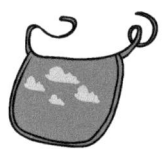

围兜

Slinček

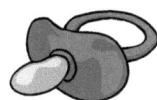

安抚奶嘴

Duda

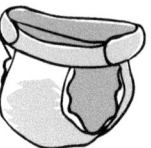

尿不湿

Plenica

办公室
Pisarna

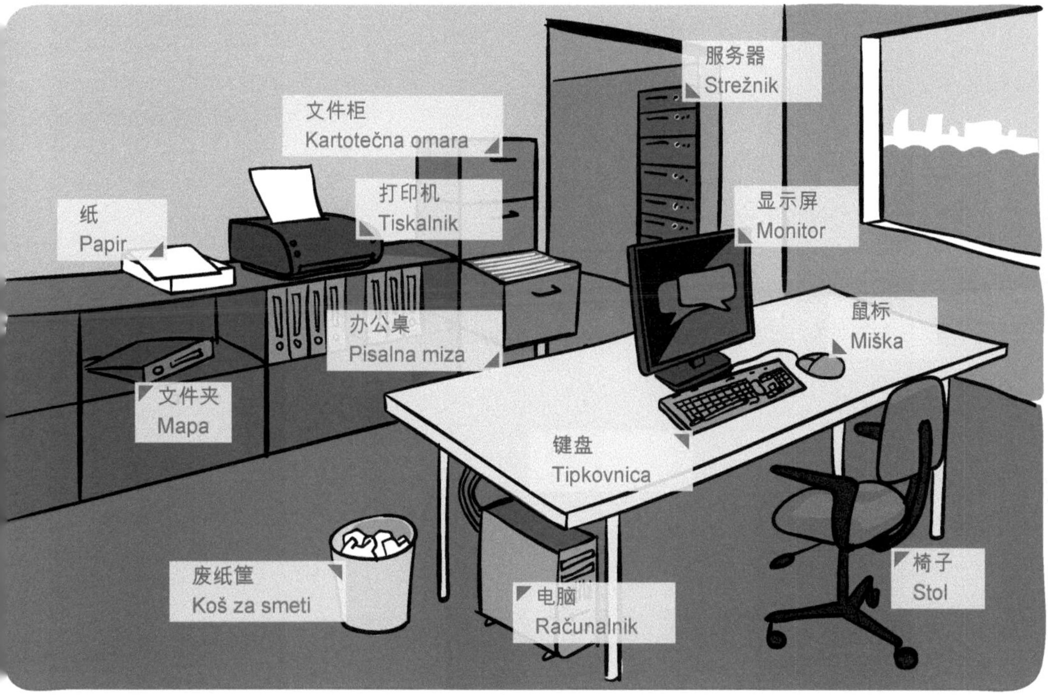
服务器
Strežnik
文件柜
Kartotečna omara
打印机
Tiskalnik
纸
Papir
显示屏
Monitor
鼠标
Miška
办公桌
Pisalna miza
文件夹
Mapa
键盘
Tipkovnica
废纸筐
Koš za smeti
椅子
Stol
电脑
Računalnik

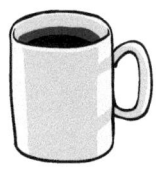

咖啡杯

Lonček za kavo

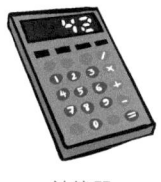

计算器

Kalkulator

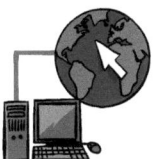

因特网

Internet

笔记本电脑
Prenosnik

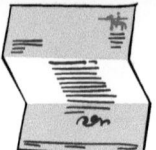

信件
Pismo

消息
Sporočilo

手机
Mobilnik

网络
Omrežje

复印机
Kopirni stroj

软件
Programska oprema

电话
Telefon

插座
Vtičnica

传真机
Telefaks

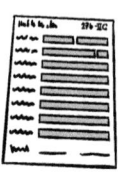

表格
Obrazec

文件
Dokument

Gospodarstvo

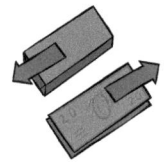

买

Kupiti

付钱

Plačati

交易

Trgovati

现金

Denar

美元

Dolar

欧元

Evro

日元

Jen

卢布

Rubelj

瑞士法郎

Švičarski frank

人民币

Kitajski juan renminbi

卢比

Rupija

提款处

Bankomat

外币兑换处

Menjalnica

金

Zlato

银

Srebro

石油

Nafta

能源

Energija

价格

Cena

合同

Pogodba

税金

Davek

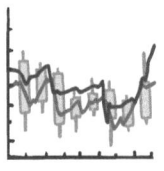

股票

Delnice

工作

Delati

职员

Delojemalec

老板

Delodajalec

工厂

Tovarna

商店

Trgovina

警官
Policist

消防员
Gasilec

厨师
Kuhar

医生
Zdravnik

飞行员
Pilot

园丁

Vrtnar

木匠

Mizar

裁缝

Šivilja

法官

Sodnik

化学家

Kemik

演员

Igralec

公交车司机

Voznik avtobusa

出租车司机

Taksist

渔夫

Ribič

清洁女工

Čistilka

屋顶工

Krovec

服务员

Natakar

猎人

Lovec

画家

Pleskar

面包师

Pek

电工

Električar

建筑工人

Gradbenik

工程师

Inženir

屠夫

Mesar

水管工

Vodovodni inštalater

邮递员

Poštar

士兵

Vojak

建筑师

Arhitekt

收银员

Blagajnik

花农

Cvetličar

理发师

Frizer

售票员

Sprevodnik

机械师

Mehanik

船长

Kapitan

牙医

Zobozdravnik

科学家

Znanstvenik

拉比

Rabin

伊玛目

Imam

和尚

Menih

牧师

Duhovnik

工具
Orodje

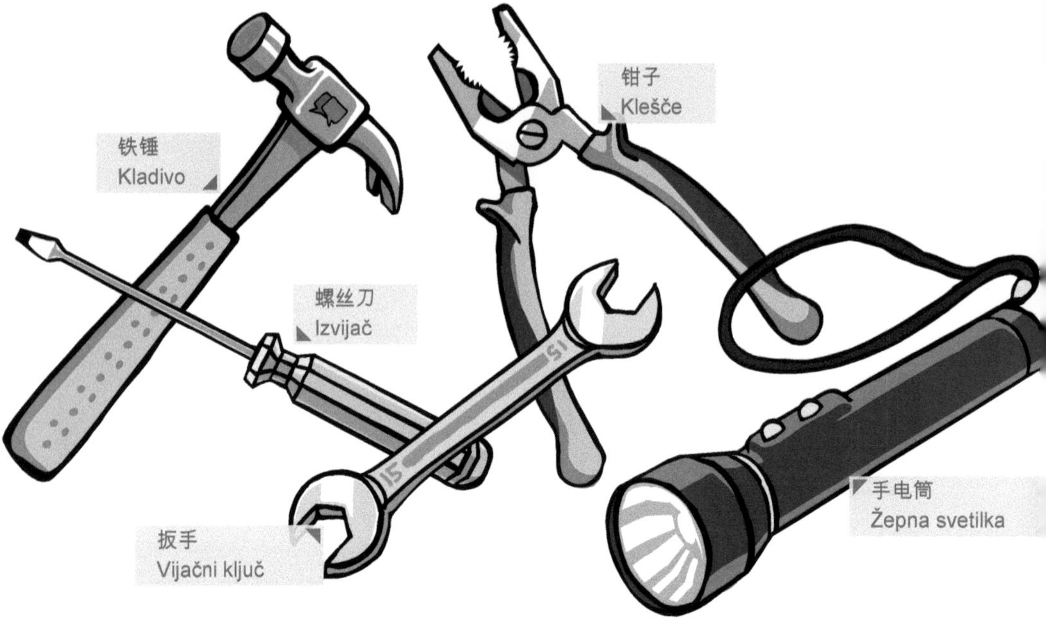
铁锤
Kladivo
钳子
Klešče
螺丝刀
Izvijač
扳手
Vijačni ključ
手电筒
Žepna svetilka

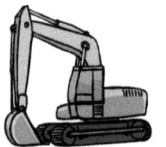

挖掘机

Bager

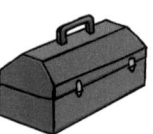

工具箱

Zaboj z orodjem

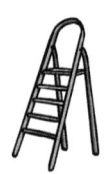

梯子

Lestev

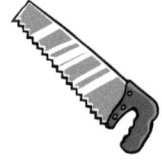

锯子

Žaga

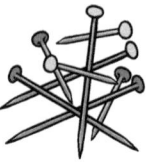

钉子

Žeblji

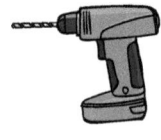

钻机

Vrtalnik

修
Popraviti

铲子
Lopata

靠！
Šment!

簸箕
Smetišnica

油漆桶
Posoda z barvo

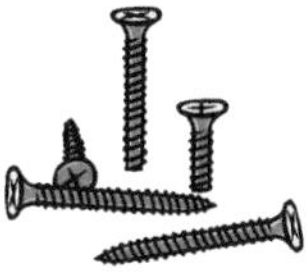

螺丝
Vijaki

乐器

Glasbeni instrument

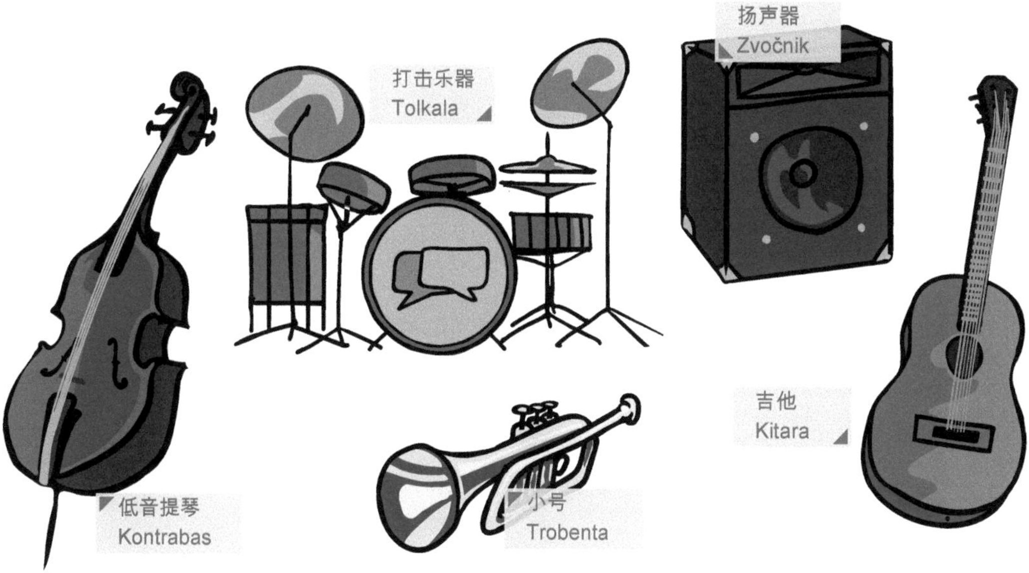

打击乐器
Tolkala

扬声器
Zvočnik

吉他
Kitara

低音提琴
Kontrabas

小号
Trobenta

钢琴

Klavir

小提琴

Violina

贝斯

Bas kitara

定音鼓

Pavke

鼓

Bobni

电子琴

Sintetizator

萨克斯管

Saksofon

长笛

Flavta

麦克风

Mikrofon

老虎
Tiger

入口
Vhod

笼子
Kletka

斑马
Zebra

动物饲料
Krma za živali

熊猫
Panda

动物
Živali

大象
Slon

袋鼠
Kenguru

犀牛
Nosorog

大猩猩
Gorila

熊
Medved

骆驼

Kamela

鸵鸟

Noj

狮子

Lev

猴子

Opica

火烈鸟

Plamenec

鹦鹉

Papagaj

北极熊

Severni medved

企鹅

Pingvin

鲨鱼

Morski pes

孔雀

Pav

蛇

Kača

鳄鱼

Krokodil

动物园管理员

Oskrbnik v živalskem vrtu

海豹

Tjulenj

美洲豹

Jaguar

矮种马

Poni

豹

Leopard

河马

Povodni konj

长颈鹿

Žirafa

老鹰

Orel

野猪

Divji prašič

鱼

Riba

龟

Želva

海象

Mrož

狐狸

Lisica

羚羊

Gazela

橄榄球
Ameriški nogomet

骑自行车
Kolesarjenje

网球
Tenis

篮球
Košarka

游泳
Plavanje

拳击
Boks

冰球
Hokej

英式足球
Nogomet

羽毛球
Badminton

田径
Atletika

手球
Rokomet

滑雪
Smučanje

马球
Polo

跳
Skočiti

唱
Peti

拥抱
Objeti

笑
Smejati se

走路
Hoditi

祈祷
Moliti

亲吻
Poljubiti

做梦
Sanjati

书写
Pisati

画
Risati

展示
Pokazati

推
Potisniti

给
Dati

拿
Vzeti

有
Imeti

做
Narediti

当
Biti

站
Stati

跑
Teči

拉
Vleči

扔
Vreči

摔倒
Pasti

躺
Ležati

等待
Čakati

携带
Nositi

坐
Sedeti

穿衣
Obleči se

睡觉
Spati

醒来
Zbuditi se

看

Gledati

哭

Jokati

抚摸

Božati

梳头

Česati se

交谈

Govoriti

明白

Razumeti

问

Vprašati

听

Poslušati

喝

Piti

吃

Jesti

清理

Pospraviti

爱

Ljubiti

做饭

Kuhati

开车

Voziti

飞

Leteti

航行

Jadrati

计算

Računanje

读

Brati

学习

Učiti se

工作

Delati

结婚

Poročiti se

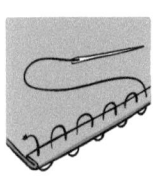

缝

Šivati

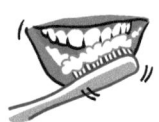

刷牙

Ščetkati si zobe

杀

Ubiti

抽烟

Kaditi

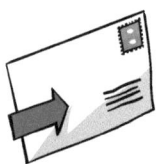

寄

Poslati

Družina

祖母
Stara mati

祖父
Stari oče

父亲
Oče

母亲
Mati

婴童
Dojenček

女儿
Hči

儿子
Sin

客人
Gost

阿姨
Teta

叔叔
Stric

兄弟
Brat

姐妹
Sestra

身体

Telo

前额
Čelo
眼睛
Oko
肩膀
Rama
手指
Prst
脸
Obraz
下巴
Brada
手
Dlan
腿
Noga
乳房
Prsi
手臂
Roka

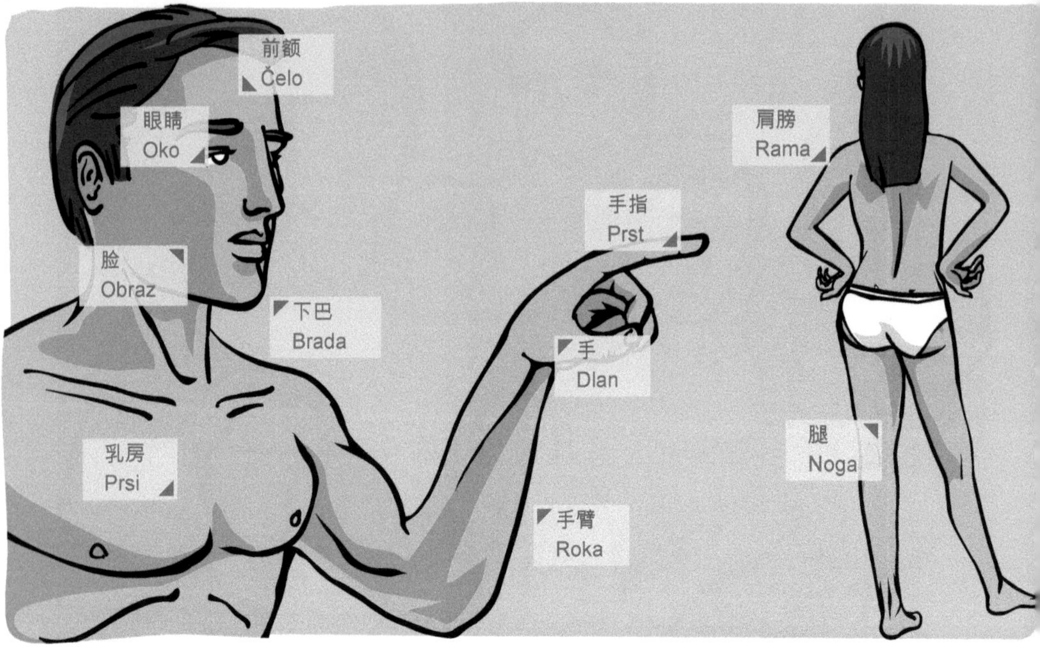

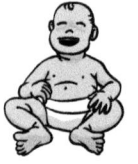

婴童

Dojenček

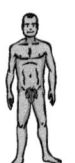

男人

Človek

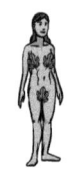

女人

Ženska

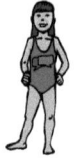

女孩

Dekle

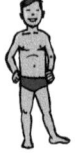

男孩

Fant

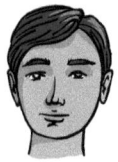

头

Glava

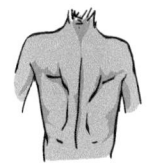

背部

Hrbet

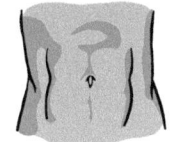

肚子

Trebuh

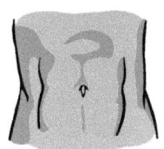

肚脐

Popek

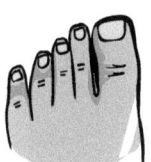

脚趾

Prst na nogi

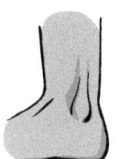

脚后跟

Peta

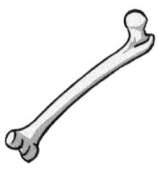

骨头

Kost

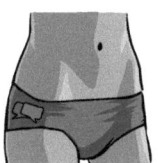

臀部

Kolk

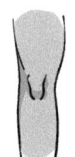

膝盖

Koleno

手肘

Komolec

鼻子

Nos

屁股

Zadnjica

皮肤

Koža

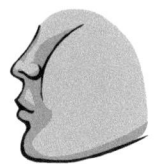

脸颊

Lice

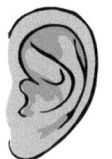

耳朵

Uho

嘴唇

Ustnica

嘴

Usta

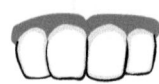

牙齿

Zob

舌头

Jezik

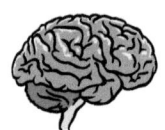

脑

Možgani

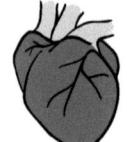

心脏

Srce

肌肉

Mišica

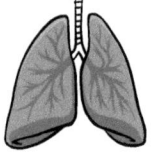

肺

Pljuča

肝脏

Jetra

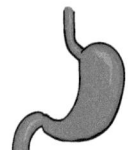

胃

Želodec

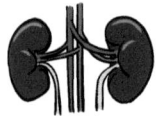

肾脏

Ledvice

性交

Spolni odnos

避孕套

Kondom

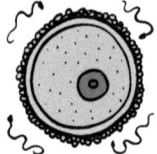

卵子

Jajčece

精子

Semenska tekočina

怀孕

Nosečnost

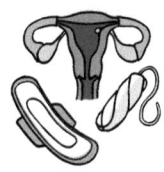

月经

Menstruacija

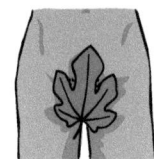

阴道

Vagina

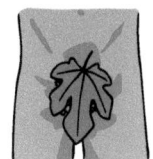

阴茎

Penis

眉毛

Obrv

头发

Lasje

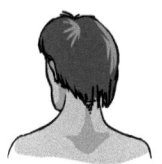

脖子

Vrat

医院
Bolnišnica

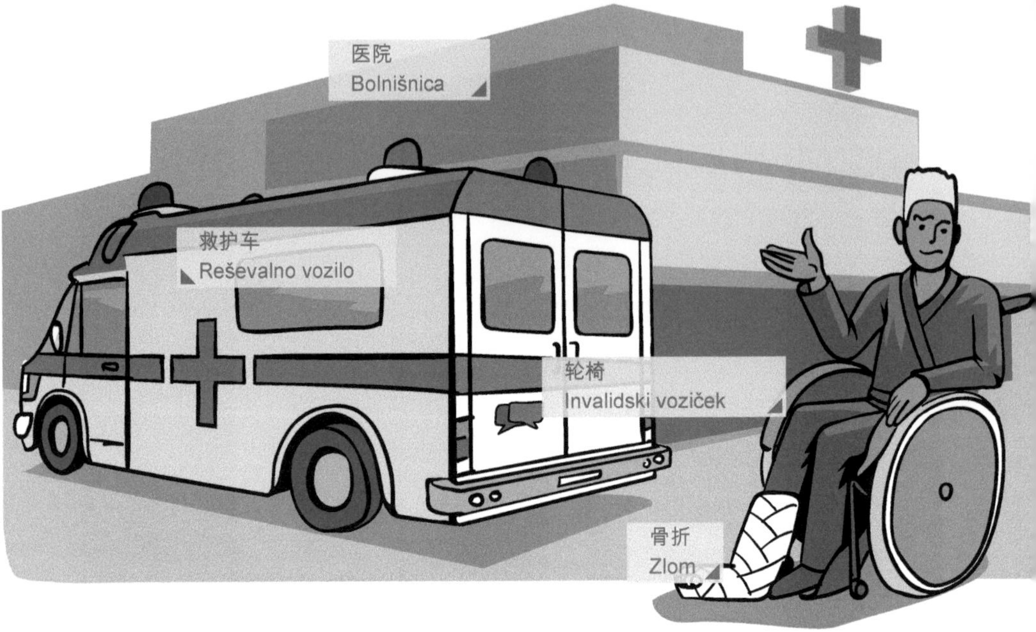

医院
Bolnišnica
救护车
Reševalno vozilo
轮椅
Invalidski voziček
骨折
Zlom

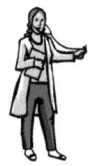

医生

Zdravnik

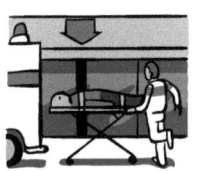

急诊室

Urgenca

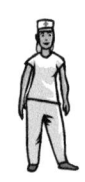

护士

Medicinska sestra

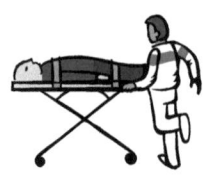

紧急情况

Nujni primer

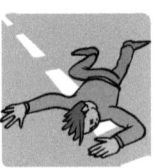

昏迷

Nezavesten

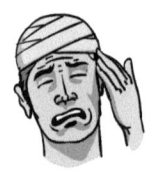

痛

Bolečina

受伤

Poškodba

出血

Krvavenje

心脏病发作

Srčni infarkt

中风

Kap

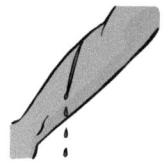

过敏

Alergija

心脏病发作

咳嗽

Kašelj

发烧

Vročina

流感

Gripa

腹泻

Driska

头痛

Glavobol

癌症

Rak

糖尿病

Sladkorna bolezen

外科医生

Kirurg

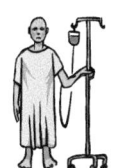

手术刀

Skalpel

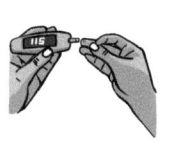

手术

Operacija

CT
CT

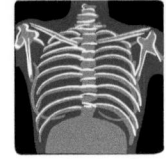

X光
Rentgen

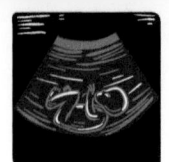

超声波
Ultrazvok

口罩
Obrazna maska

疾病
Bolezen

候诊室
Čakalnica

拐杖
Bergla

石膏
Obliž

绷带
Preveza

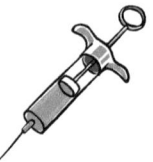

注射
Injekcija

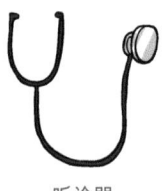

听诊器
Stetoskop

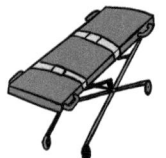

担架
Nosila

体温计
Klinični termometer

出生
Porod

超重
Prekomerna teža

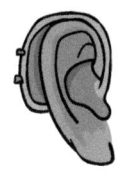

助听器

Slušni pripomoček

消毒液

Razkužilo

感染

Okužba

病毒

Virus

艾滋病

HIV / AIDS

药物

Medicina

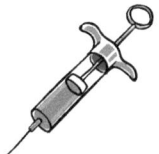

接种疫苗

Cepljenje

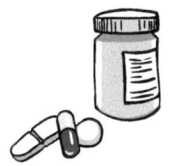

药片

Tablete

药丸

Tableta

急救电话

Klic v sili

血压计

Merilnik krvnega tlaka

生病/健康

bolano / zdravo

救命！

Na pomoč!

警报

Alarm

突击

Napad

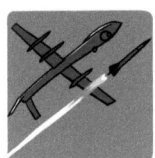

攻击

Napad

危险

Nevarnost

紧急出口

Izhod v sili

着火啦！

Gori!

灭火器

Gasilni aparat

意外

Nezgoda

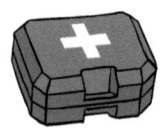

急救箱

Komplet za prvo pomoč

呼救信号

SOS

警察

Policija

欧洲

Evropa

北美洲

Severna Amerika

南美洲

Južna Amerika

非洲

Afrika

亚洲

Azija

澳洲

Avstralija

大西洋

Atlantski ocean

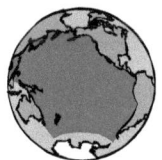

太平洋

Tihi ocean

印度洋

Indijski ocean

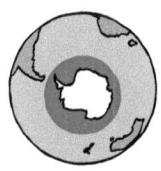

南冰洋

Južni ocean

北冰洋

Arktični ocean

北极

Severni tečaj

南极
Južni tečaj

南极洲
Antarktika

地球
Zemlja

陆地
Kopno

海
Morje

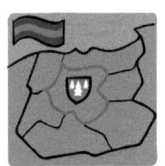

岛
Otok

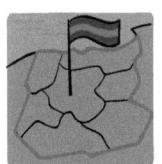

国家
Narod

国家
Država

钟面

Številčnica

时针

Urni kazalec

分针

Minutni kazalec

秒针

Sekundni kazalec

现在几点？

Koliko je ura?

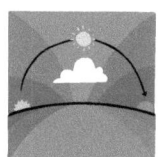

天

Dan

时间

Čas

现在

Zdaj

电子表

Digitalna ura

分

Minuta

时

Ura

周

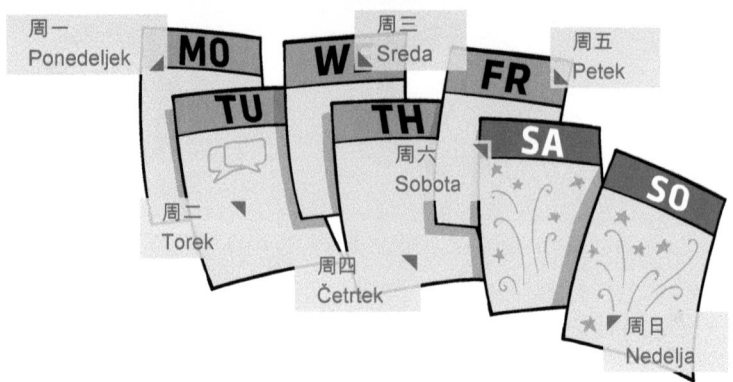

周一
Ponedeljek

周三
Sreda

周五
Petek

周二
Torek

周四
Četrtek

周六
Sobota

周日
Nedelja

昨天

Včeraj

今天

Danes

明天

Jutri

早晨

Jutro

中午

Poldne

晚上

Večer

工作日

Delovni dnevi

周末

Konec tedna

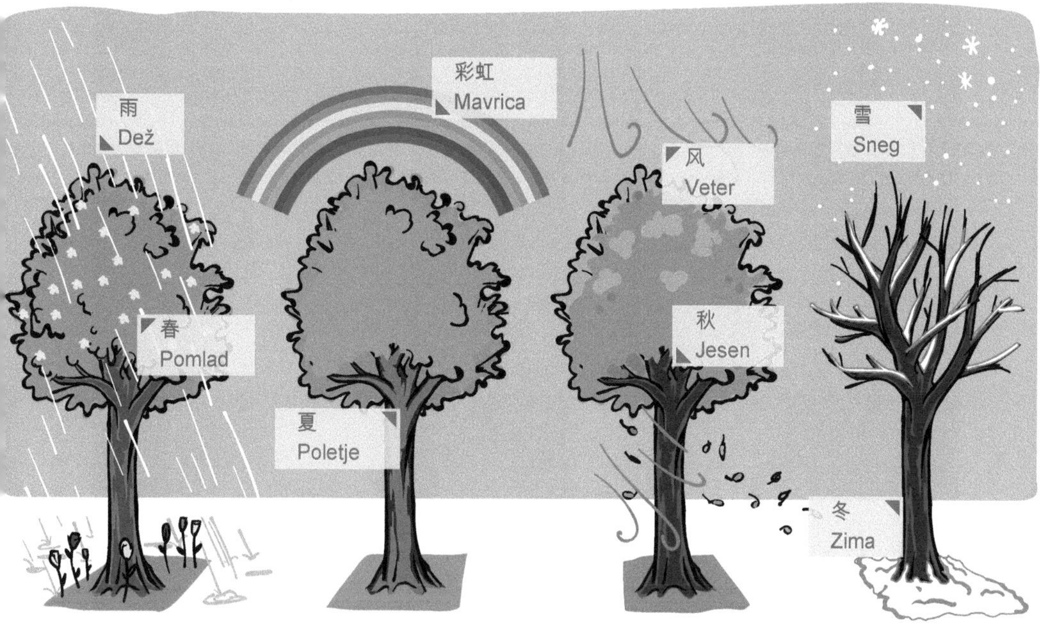

雨
▶ Dež

彩虹
Mavrica

风
Veter

雪
Sneg

春
Pomlad

夏
Poletje

秋
Jesen

冬
Zima

天气预报

Vremenska napoved

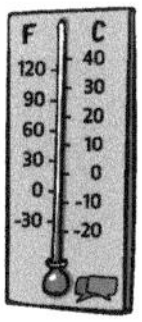

温度计

Termometer

阳光

Sončna svetloba

云

Oblak

雾

Megla

潮湿

Vlažnost

闪电

Strela

打雷

Grom

风暴

Nevihta

冰雹

Toča

季风

Monsun

洪水

Poplava

冰

Led

一月

Januar

二月

Februar

三月

Marec

四月

April

五月

Maj

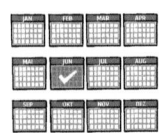

六月

Junij

七月

Julij

八月

Avgust

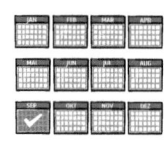

九月

September

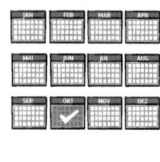

十月

Oktober

十一月

November

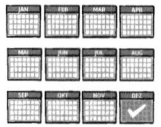

十二月

December

形状

Oblike

圆形

Krogla

正方形

Kvadrat

长方形

Pravokotnik

三角形

Trikotnik

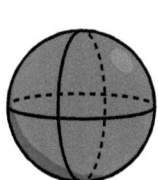

球体

Krogla

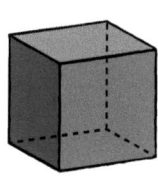

立方体

Kocka

白

Bela

黄

Rumena

橙

Oranžna

粉

Rožnata

红

Rdeča

紫

Vijolična

蓝

Modra

绿

Zelena

棕

Rjava

灰

Siva

黑

Črna

很多/少许

veliko / malo

生气/平静

jezno / umirjeno

美/丑

lepo / grdo

首/尾

začetek / konec

大/小

veliko / majhno

明/暗

svetlo / temno

兄弟/姐妹

brat / sestra

干净/肮脏

čisto / umazano

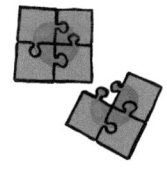

完整/缺失

popolno / nepopolno

白天/晚上

dan / noč

死/生

mrtvo / živo

宽/窄

široko / ozko

可食用/非食用

užitno / neužitno

邪恶/善良

zlobno / prijazno

兴奋/无聊

vznemirjeno / zdolgočaseno

胖/瘦

debelo / vitko

第一/最后

prvo / zadnje

朋友/敌人

prijatelj / sovražnik

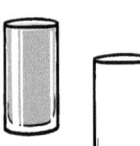

满/空

polno / prazno

硬/软

trdo / mehko

重/轻

težko / lahko

饿/渴

lakota / žeja

生病/健康

bolano / zdravo

非法/合法

nezakonito / zakonito

聪明/愚笨

pametno / neumno

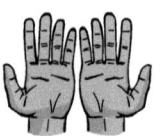

左/右

levo / desno

近/远

blizu / daleč

新/旧
novo / rabljeno

没有/有些
nič / nekaj

老/幼
staro / mlado

开/关
vklopljeno / izklopljeno

打开/合上
odprto / zaprto

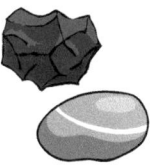

安静/吵闹
tiho / glasno

富/穷
bogato / revno

对/错
prav / narobe

粗糙/光滑
grobo / gladko

伤心/高兴
žalostno / veselo

短/长
kratko / dolgo

慢/快
počasi / hitro

湿/干
mokro / suho

温暖/凉爽
toplo / hladno

战争/和平
vojna / mir

0

零

Ničla

1

一

Ena

2

二

Dva

3

三

Tri

4

四

Štiri

5

五

Pet

6

六

Šest

7

七

Sedem

8

八

Osem

9

九

Devet

10

十

Deset

11

十一

Enajst

12
十二
Dvanajst

13
十三
Trinajst

14
十四
Štirinajst

15
十五
Petnajst

16
十六
Šestnajst

17
十七
Sedemnajst

18
十八
Osemnajst

19
十九
Devetnajst

20
二十
Dvajset

100
百
Sto

1.000
千
Tisoč

1.000.000
百万
Milijon

英语

Angleščina

美式英语

Ameriška angleščina

普通话

Mandarinščina

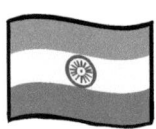

印地语

Hindujščina

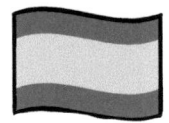

西班牙语

Španščina

法语

Francoščina

阿拉伯语

Arabščina

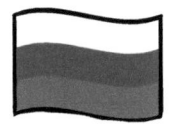

俄语

Ruščina

葡萄牙语

Portugalščina

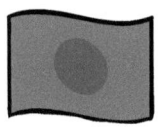

孟加拉语

Bengalščina

德语

Nemščina

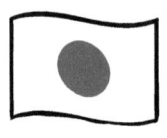

日语

Japonščina

我
Jaz

你
Ti

他/她/它
On / ona / tisto

我们
Mi

你们
Vi

他们
Oni

谁？
Kdo?

什么？
Kaj?

怎样？
Kako?

哪里？
Kje?

什么时候？
Kdaj?

名字
Ime

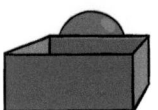

后面

Zadaj

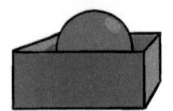

里面

V

前面

Pred

上方

Nad

上面

Na

下面

Pod

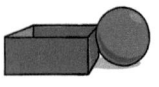

旁边

Poleg

中间

Med

地点

Kraj